AF373624

INCONSCIENTE

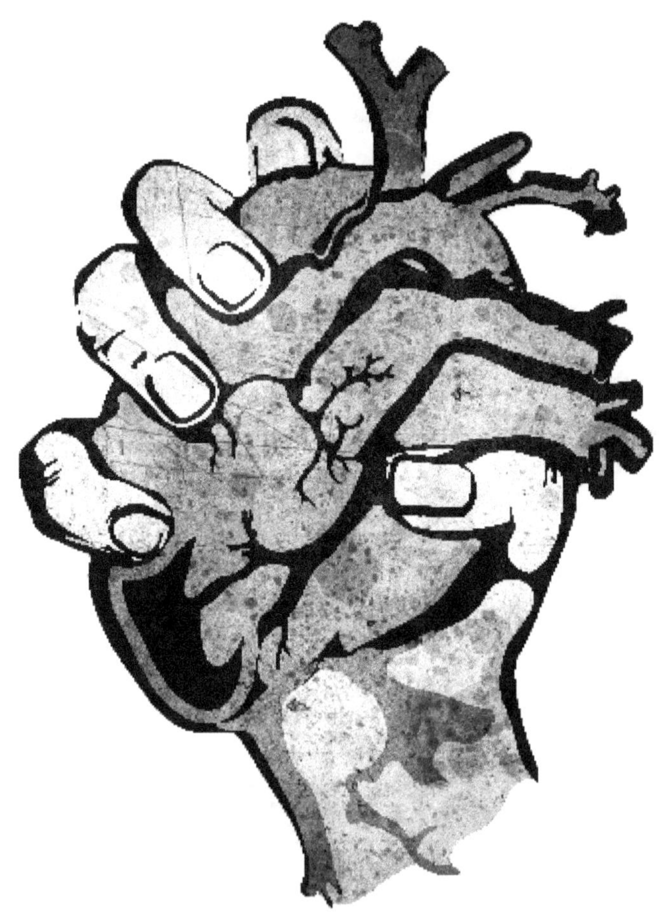

Ismael Sánchez

INCONSCIENTE

INCONSCIENTE
© Ismael Sánchez, 2022
ISBN : 978-9915-41-126-2

Diseño de portada: Ismael Sánchez
Maquetación: Ismael Sánchez
ismaelsanchezsax@gmail.com
@ismaelsanchez.sax

Textos colaborativos:
Guillermo Canavesi
Pablo Otero

Primera edición
Montevideo - Uruguay 2022

Edición electrónica

Indice

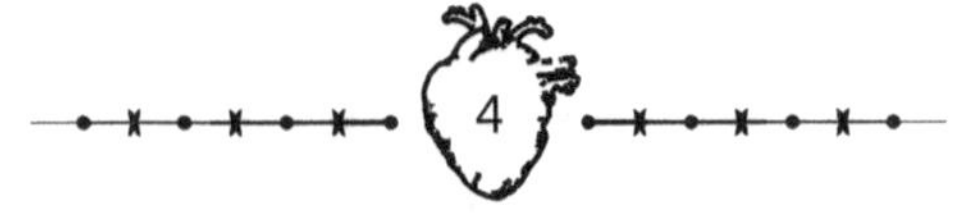

INCONSCIENTE

INCONSCIENTE

Soy

Soy lo que veo,
soy lo que creo,
soy lo que leo,
Regateo con el tiempo
por eso le peleó.

Soy lo que creo,
soy lo que leo,
soy lo que veo.
Sueño en la palabra,
en la magia del poeta,
la vida es un viaje
que no tiene vuelta.

Soy lo que leo,
soy lo que veo,
soy lo que creo,
Aprendo del niño,
que en su picardía
y su puño en alto
se enfrenta a la vida.

Ismael Sánchez

Papel

Vuelo en un avión de papel,
lucho con el viento y con mis dibujos.
A veces, quiero acariciar el tiempo
y siento, que cada boceto
da vida al papel en el momento.

Marco mis pliegues haciendo origami,
Invento formas, creando papiroflexia,
reflejo en el papel, todo lo que hay en mi,
las palabras que mi voz silencia.

Navego en un barco de papel,
viajo en el éter de mis versos.
A veces, quiero rozar su movimiento
y siento, que cada texto
da vida al papel en el momento.

Marco mis pliegues haciendo origami,
Invento formas, creando papiroflexia,
reflejo en el papel, todo lo que hay en mi,
las palabras que mi voz silencia.

INCONSCIENTE

Quiero

Quiero ser parte de ese jardín de esencias,
donde se marchitan los artistas,
no las creaciones.

Que mueren cada día, por crear vivencias.
Que viven sus locuras, tocando corazones.
Que en cada creatividad el costo es nuestro.
Que no sabemos vivir sin estar muerto.
Que bebemos nuestra realidad así de cruda.
Que vamos por la calle con el alma desnuda.

Donde todo es fugaz lo que sentimos.
Donde todo es breve lo que elegimos.
Donde todo es temporal lo que decimos.
Donde todo es efímero lo que escribimos.

Quiero ser parte de ese jardín de esencias,
donde se marchitan los artistas,
no las conciencias.

Ponele música

Ponele música a la vida
y que una melodía nazca,
dale play a la poesía
y que ese movimiento crezca.
Un veterano que sigue en el under
veinticuatro horas al día,
duermo y sueño melodía.

Un chico que sigue en la calle
veinticuatro horas al día,
despierto escribo poesía.
Con tu banda y colectivo
y el amor por nuestra calle
con la música y un motivo
de que este arte, se exprese,
no se calle.

INCONSCIENTE

Hace tiempo

Hace tiempo que escribo con la luz apagada.
Y me torturo por ser distinto,
girando en el mismo laberinto.
Solo dibujo cosas por instinto.

Hace tiempo que me escondo de mí.
Intento que no escapen demonios de mi pecho.
Cada día me ahogo en mi propio techo.
Esta soledad, espera para el asecho.

Hace tiempo, solo vivo cuando me acuerdo.
Giro atrapado en mi noria.
Hasta a mi sombra le tengo fobia,
pero el tiempo, convierte todo en historia.

Son tantos

El infierno de asfalto
mató el jardín de hadas.
A veces, encuentro la esperanza,
a veces, pierdo la fe.
Me dedico a captar el momento
con lapicera, o con las miradas.

Son tantos los textos
que ya ni se como juntarlos,
como no amarlos,
cómo armarlos.

La patada del tiempo
desarmo mi rompecabezas.
A veces, le rezo al viento,
a veces, visitan añoranzas.
Me encargo de vivir en un cuento,
sin perder esas nostalgias.

Son tantos los textos
que ya ni se como juntarlos,
como no amarlos,
cómo armarlos.

INCONSCIENTE

Asfixia

Un nudo en la garganta
y el cuello que se asfixia,
la sonrisa siniestra,
la piel que se eriza.
La imagen de un ahorcado
que quiere morir de prisa.

La calle que avasalla
sobreviviendo a la batalla,
un corazón que estalla
por ir tras la medalla.

Un sentido que se desvanece
y el sangrado en los oídos,
el miedo que crece y crece
y un punzante zumbido.
La imagen de un asfixiado
que moría sin ser querido.

Sentir

Un niño en constante movimiento
que se aferra a no creer, aún le falta aliento.
Muero en el lápiz y el papel
para luego renacer en el cemento.

Escribir, todo eso que nos quede por vivir.
Vivir, todo eso que nos quede por escribir.
Sentir, todo eso que nos quede por decir.
Decir, todo eso que nos quede por sentir.

Un reloj en constante movimiento
que se aferra a no correr, aún le falta tiempo.
Muero en la nostalgia y melancolía
para luego amanecer al otro día.

INCONSCIENTE

Y todo

Y todo comenzó con una utopía,
la necesidad de aferrarse a cada día
y tener esa propiedad.
Pero te das cuenta, que todo es efímero,
que cuando escribís,
lo haces con lágrimas,
cuando subís a un escenario,
lo haces con alma
y cuando amas,
lo haces con vida.
Y todo termina así, con un instante.

Y todo comenzó con un instante,
la necesidad de aferrarse a lo que tranquiliza.
Y tener esa propiedad.
Y te das cuenta, que todo es pasajero,
que cuando escribís,
lo haces con llanto,
cuando subis a un escenario,
lo haces con conciencia
y cuando amas,
lo haces con utopía.

Yo, tan cursi

Yo tan cursi,
y tú, agarrado uno de mis textos.
Bebiendo en ese bar asolado.
Tú sonriendo.. y yo distraído.
Y ese mozo, rezongando.
-"No seas tan cursi y bésala".

Yo tan cursi,
y tú, mirando atenta mis dibujos.
Caminando en esa calle solitaria.
Y tú hablando.. y yo introvertido.
Y ese extraño, gritando.
-"No seas tan cursi y bésala".

Yo tan cursi,
y tú, escuchando mi melodía.
Sentados en la escalera de tú casa.
Y tú soñando.. y yo detenido.
Y ese vecino, llamando.
-"No seas tan cursi y bésala".

INCONSCIENTE

Me he perdido

He mentido, para no herir.
Me he rendido ante un abrazo sincero.
He vendido el alma al diablo.
He soñado despierto.
He perdido la fe.

He mentido.
Me he rendido.
He vendido.
He soñado,
He perdido.

Yo he mentido que volveré el próximo verano.
Yo me he rendido ante esa despedida.
Yo he vendido un beso al mejor postor.
Yo he soñado algo en lo que nunca creí.
He perdido a mi ángel de la guarda.

Me mato

Me mato y vuelvo al lugar del crimen,
salgo corriendo y vuelvo por donde vine.

Eligiendo qué escombros escribir.
Como quien hace un boquete en el muro de
Berlín.
No se escribir sin hacerme cortes,
no sé pensar sin darme golpes.

Por fuera soy un músico y poeta.
Por dentro un idealista y artista.
Lloro de tanto frío,
tiemblo de tantas lágrimas.
Vivo a flor de piel,
sufro a piel de flor.

Me mato y vuelvo al lugar del crimen,
salgo corriendo y vuelvo por donde vine.

INCONSCIENTE

Dicen

Dicen, que voy a terminar en el infierno.
A estas alturas, ya aprendí a vivir en invierno.
Dicen, que en una cruz hay ternura.
Pero, me da miedo esa maquina de tortura.
Dicen, que el paraíso es una de las cosas más
bellas.
Por eso, salgo en las noches a contar estrellas.
Dicen, que la historia la cambió un hombre.
Pero veo un pasado, manchado con sangre.

Dicen, que mi rezo y oración los guarde.
A estas alturas veo un silencio tan cobarde.
Dicen, que mantenga la ética y respeto.
Pero, no les tiene que importar con que sexo
me acuesto.
Dicen, ser mensajeros de amor y templanza.
Por eso, yo no acepto su horror y matanza.
Dicen, que no los vea con esa verdad.
Yo solo puedo ver fe, en cada humanidad.

Ismael Sánchez

Páginas con mar

Yo he cambiado, lo siento en el agua.
Ya nadie te enseña como se ama.
Voy escribiendo al compás de las olas,
dentro de una coraza como las caracolas.

Naufragando en un mundo salado.
Donde son líquidos todos los pecados.
En ese océano de dudas que te hunden
y en el cielo, esas constelaciones te confunden.

Cómo secar el salobre de mis ojos,
si al tesoro que escondí, se le rompió el cerrojo.
Solo queda navegar con la fe del ateo.
Y esperar mar abierto, que te abrace Proteo.

INCONSCIENTE

¡Buenos días!

¡Pero muy buenos días!
Permítame ésta poesía
Sólo traigo conmigo algunas rimas
Para pintar en su cara una alegría.

¡Otro día más que estamos vivos!
Para celebrarlo aunque no haya motivos.
Una vez más ha vuelto a amanecer.
Quizás, a alguna persona puedes conocer.

¡Que tengas un buen día!
Te dejo ésta melodía
Vengo compartiendo abrazos.
Es un buen día para dar los primeros pasos.

Ismael Sánchez

Energía

Texto colaborativo
Guillermo Canavesi, vocalista Booom Plan

Sos la energía que motiva al comenzar el día
así cantó contra toda hipocresía.
Mística natural contra todo mal
y así sentir amor para que caiga babilón
para crear conciencia que no sea apariencia
y que sea tan real como vos y yo
entrando en conexión con el mundo de hoy
para cantar bien fuerte las letras del corazón.

Ismael:

Es esta hermandad la que nos guía.
¡Mira el sol! aún sigue ahí arriba.
La fuerza de un león que nos ánima.

Juntos, cantando, creando puentes.
Meditando en esto y sintiéndonos fuertes.
No podemos dejar de amar, y ser inertes.

Uniendo lazos de utopía y conciencia.
¡Mira en tu interior! muestra tu esencia.
Recuerda, que eso hace la diferencia.

INCONSCIENTE

Sangrando tinta

Enredado en mi musa.
Me faltan las palabras
y sobran las excusas.
Hurgando entre mis líneas
sacando la pelusa.

Estoy sangrando tinta,
los colores que se cruzan,
cian y magenta,
las venas me alimentan.

Estoy sangrando tinta.
Se mezclan las témperas.
En esta imprenta.
Vomitando las pinturas.

Buscando mi aventura,
me sobran las dudas
y faltan ayudas,
en este agujero negro
quiero salir íntegro.

Ismael Sánchez

Punto y coma

Tatuaje urbano

Decidí terminar mi oración,
Pero aún sigo leyendo.
Quise ponerle pausa al texto
y me ves escribiendo,
creando con mis oraciones, una frase.

Lucho por vivir
valiente por seguir,
dar y recibir.
Muero por vivir,
vivo por seguir.

Soy el autor de la frase
y la frase es mi vida.
Soy el actor de esta fase
y cada fase son mis días.

Decidí terminar mi vida
pero aún sigo viviendo.
Quise ponerle pausa al tiempo
y me ves corriendo,
plasmando en mi piel, un tatuaje.

INCONSCIENTE

Escalera de libros

Armé una escalera de libros.
Para saltar por esos muros.
Escribí textos para poder sanarme.
Sin pedir permiso para crear y quedarme.
Escalé un andamio de canciones.
Y me deslice en un tobogán de ilusiones.

Entre mis brazos, guarde mis miedos.
En esos libros encontré textos y amigos.
Pero así, cruzando esos muros, estuve seguro.
Con esos textos me senté, para aferrarme.
Sin ser sumiso, para vivir y amarme.

Ismael Sánchez

Tiempo

Texto colaborativo
Pablo Otero, vocalista Old Smoke Tales

Escondido en la soledad de mi mente,
me encontró el sol al nacer, quien dijo que es
virtud crecer cuando el espejo nos miente,
si uno se ve diferente y no por tener más canas,
sino por más macanas, que en la vida voy a
hacer.
Sin temor a reconocer cuán difícil es salir, de la
cueva del fracaso,
dónde está el oscuro ser, que repele sin temer,
la bondad que nos precede,
lastimando a quienes quieren,
que la vida vuelva a ser.

El pasado no lo ignoro, y el futuro.
¡Yo que sé! Si en el presente empecé, a construir
otra vida,
con el alma revestida, acarreando en mi
espalda, esta coraza curtida, de lágrimas empa-
padas.

INCONSCIENTE

Y aunque el reloj no perdona y la palabra
enmudece,
no me va a encontrar ausente de aquello que
más quiero,
sabiendo que primero, aunque a muchos les
disguste.
Voy a hacer lo que me guste, aunque caiga yo
de nuevo.

Ismael:

Me miro en ese espejo
y veo a alguien extraño.
vulnerable ante la vida
y al pasaje de sus años.
Miro en ese reflejo,
no veo aquel retrato
que con lápiz y papel
daba vida a un garabato.

Aún vivo

Aún vivo,
con la ansiedad de aquel estudiante
que entre los escombros
deseaba encontrar diamante.

Miro la hoja en blanco
y quiero llenarla de tinta.
El pincel con el que pintó
encuentra una frase extinta.
No veo calma en mi lápiz
como un motor vibrando
desprendiendo mi raíz
aún vivo, y aún ando.

INCONSCIENTE

Inconsciente

No alcanzan palabras,
te escondes entre mis líneas,
ahí es donde llorar
lágrimas que no han caído todavía.

Lees mi mente
en una travesía.
Un tipo inconsciente
que ha vuelto a escribir por el día.

Viajando en solitario,
con mi alma en rebeldía,
luchando con el tedio,
meciendo mi utopía.

En contra de un sistema
que golpea y nos miente.
La rabia me quema
por ser un inconsciente.

Lees mi mente
en una travesía.
Un tipo inconsciente
que ha vuelto a escribir por el día.

A ésta generación

A ésta generación, que sigue el paso opresor.
La revolución, no está en tú televisor.
Decirles, que no todos tenemos dueños,
que estamos atados a nuestros sueños.
Viajamos en libertad conviviendo con música,
viviendo entre frases, partituras y métricas.
Donde cada melodía que transporta,
la vivimos entre poemas y eso nos conforta.

A ésta sociedad, que nos mata.
Tú libertad nunca va a ser barata,
Hablarles, que no todos estamos atados,
que siempre hay lugar a quedar refugiados.
Llevamos el corazón en nuestras manos,
luchando con pensamientos más humanos.
Junto a emociones y sentimientos,
sufrimos dejando una huella en cada aliento.

INCONSCIENTE

Con el piano

Con el piano susurrandome al oído,
acompañandome en lo que escribo.
Ha sido la motivación para sentir,
ha sido la inspiración para seguir.

Conectando con el alma y la armonía,
conectando con la magia y la poesía.
El hangar donde bailan los sentidos,
mente y corazón se encuentran reunidos.

Con el piano hablándome al oído,
la esencia de sentirse vivo.
Con mis manos en sus teclas,
con mis dedos en sus notas.

Conociendo cada uno de sus roces,
conociendo el rincón donde esconderse.
Brotan jardines verdes en la hoja,
de esa lluvia que cae y moja.

Regresaron

Regresaron a las calles
con un pañuelo negro.
Escribiendo en cada muro.
Frases de un pasado oscuro.
Luchando por nuestros hijos,
su futuro.

Encontraron en el jardín
una rosa violeta.
Con una idea concreta.
Quieren soñar despierta.
Y llegar vivas, a su puerta.

Salieron de sus casas
pintando muchos colores.
Con guirnaldas y flores.
Adornaron sus temores.
Creando nuevos caminos,
enseñándonos valores.

INCONSCIENTE

Te mereces

¡Corazón, no estés tan perdidx!
El dolor viene sin un motivo.
¡Tienes valor, para llevar las horas!
Aunque no te acompañen, cuando lloras.

Te mereces, sentirte sanx , y crecer.
Te mereces, sentirte tranquilx, y vencer.
Te mereces, sentirte respetadx, y creer.
Te mereces, sentirte propix, y pertenecer.
Te mereces, sentirte oportunx, y florecer.
Te mereces, merecer..

¡No te sientas solx, mi cielo!
Mírate con esa dulzura de caramelo
¡Has sido suficientemente fuerte!
Pueden haber muchos con tu misma suerte.

Te mereces, sentirte sanx, para florecer.
Te mereces, sentirte tranquilx, y pertenecer.
Te mereces, sentirte respetadx, y creer.
Te mereces, sentirte propix, y vencer.
Te mereces, sentirte oportunx, y crecer.
Te mereces, merecer..

Alguna vez

Alguna vez fuimos presos del fracaso.
y creíamos que perdíamos el tiempo.
en juntar cada uno de los pedazos.
Alguna vez vimos el mundo
partirse de un temblor.
Pero costó años unir las partes.
y en esos momentos aprendimos que vivimos
y damos todo por amor.

Alguna vez salimos corriendo para escapar.
sin ningún rumbo donde escondernos.
sabiendo que no había escondrijo para olvidar.
Alguna vez nos metimos
de polizón en una canción.
Cuando sentimos al alma dolorida y triste,
rodeado de gente, pero solo,
dejamos en la almohada derretido el corazón.

INCONSCIENTE

Madrugadas

Otra vez salgo en las oscuras madrugadas
a la hora que duermen todas las hadas.
Cuando los músicos tocan sin un motivo
y los poetas escriben sin ningún sentido.

De vez en cuando salgo en busca de tu abrigo.
Pero solo tiene magia para algunos, Cupido.
En la hora que los borrachos vomitan sus sue-
ños
y los cachorros pasean sin dueños.

Otra vez salgo a las oscuras madrugadas
a la hora que las rimas dicen locuras.
y las palabras se tallan en las escrituras.

Miradas

Miradas,
que me invitan a quedarme a vivir en ellas,
sin un techo que las limite,
pasaría horas viendo las estrellas.
Miradas,
serenas, llegan a lo profundo, tan directas
que con el corazón conecta.
Miradas,
que tienen sus ojos cerrados
y no quieren humedecer por ese dolor
y sus pasados.
Miradas,
cansadas, talladas de pliegues,
de gesto maduro.
Tan sabias, nos muestran parte del futuro.
Miradas,
esas infantiles con picardía de guiño.
me invitan a jugar otra vez, como niño.

INCONSCIENTE

Ella

Ella no necesita salir con maquillaje.
Para mostrar que su esencia es interesante.
Ella sabe bien a donde va y de donde viene.
Valora mucho la autoestima que tiene.

Ella va por la calle, se viste como quiera.
No cree en estereotipos, ni estatura.
Ella va viviendo con música y literatura.
Sabe lo que le hace sentirse segura.

A ella no le importan las modas, ni recetas.
No se acompleja, se siente completa.
A ella, le da igual lo que tú opinas.
Se siente real, fresca y cristalina.

Ella vuela por encima de tus tabúes.
Aunque tenga sus sombras y sus virtudes.
Ella, frente al espejo se observa y se mira.
Sabe que es real, no una figura de mentira.

Ismael Sánchez

Fabricando sueños

Como ese niño que quiere abrazar la luna.
Durmiendo entre un océano de dudas.
Buceando en su galaxia, sin tener dueño.
Quiere descubrir cómo se fabrican los sueños.

Ese astronauta flotando en el universo.
Se mira por dentro, y ve un mundo inmenso.
Hipnotizado con esa luz incandescente.
Saliendo desde su pecho muy impaciente.

O ese habitante estepario, en su planeta.
Guardián de la pócima de los poetas.
El sabe, que puede atrapar a ese instante.
Porque de sus sueños, él es el fabricante.

INCONSCIENTE

Represento

Represento, a
los artistas callejeros,
que con su arte,
van amando.
Represento, a
los que les golpea la vida,
que con esos golpes,
se van levantando.

Represento, a
los soñadores de utopía,
que con cada sueño,
van concientizando.
Representó a,
los marginados urbanos,
que en cada margen,
lo están intentando.

Represento a,
todos esos que me representan,
que en cada acción que hacemos,
nos estamos representando.

Aún así

Reconozco la ruta de la teoría.
Pero me pierdo en los rincones de la poesía.
No pude memorizar mi propio laberinto.
Y me quedo con el pincel con el que pinto.
Mi castillo de arena se derrumba.
Aún así, llevó este arte a la tumba.

Veo felicidad en un libro o en el escenario.
Y mato mi ansiedad escribiendo a diario.
Afuera, a veces hay tormenta y diluvia.
Aún así, cariño, ¡bailemos bajo la lluvia!.

Soy ese niño con picardía.
Que solo piensa en jugar todo el día.
Vivo con mi prisa, canción y melodía.
Aún así, tengo esos ratos de melancolía.

INCONSCIENTE

Emigrante

Sin ningún rumbo fijo
Me voy con mi hijo.
Todo lo que está pasando es duro.
Pero necesito salir por mi futuro.
Y veo un presentimiento muy oscuro.

Salí al mundo sin nortes.
Aunque los caminos me hagan cortes.
Con los latidos del corazón tan fuertes.
Se que las fronteras las ponen los hombres.
Busco banderas con otros colores.

Voy mirando y observando todo lo que pasa.
Dónde está mi corazón, ahí, está mi casa.
Con paso firme, fuerte me mantengo.
Sin olvidar dónde salí, ni de donde vengo.

Antología

El amor como única ideología.
El abrazo como una pedagogía.
El arte como mi biología.
El pensamiento libre como teología.
El concepto de vivir en una antología.

Una cicatriz de cirugía.
Una costumbre y su astrología.

El beso como metodología.
El humano como morfología.
El instante como genealogía.
El pasado como trilogía.
El concepto de vivir en una antología.

INCONSCIENTE

Autógrafo

No me pidas un autógrafo
Hay cosas con amor, más increíbles
que la nota de un bolígrafo.

Ese médico que entra a operar.
en una sala de quirófano.
Aquel fotógrafo que quiere captar
eso que la prensa tapa con su mano.
El profesor deseando en cada clase
que descubrirte no sea en vano.
El artistas que con una frase,
pudo evitar que una desgracia pasase.

No me pidas un autógrafo
Hay cosas con amor, más increíbles
que los trazos de un grafo.

Ese hermano de la vida que abraza
que siempre está ahí en cada tristeza.
Aquel anónimo que brinda cariño,
ayuda con comida y estudio a ese niño.
El que hoy no sabemos dónde está
pero han dejado una historia escrita.
El que te mira sincero a los ojos sin motivo,
y te hace ver, eso que implica aún estar vivo.

No me pidas un autógrafo
Hay cosas con amor, más increíbles
que no puede ver un fanático.

Altar

Ser el jardinero de tus rosas.
Y recorrer tú vientre buscando mariposas.
Quién guarde el retazo de ese momento,
que mis manos sean alas y recorran tu cuerpo.

Como un solo de saxo rozando tu piel,
hurgar entre tus pechos en busca de miel.
Recorrer tú pelo como una biblioteca,
beber con sed el licor de tu boca,
construir con esa silueta un altar
y seas la diosa quién pueda adorar.

Quiero ser la rima de tú poesía.
y viajar en tú cuello como en una travesía.
Quien guarde los retazos de esa musa,
y que me dejes quedarme con tu blusa.

INCONSCIENTE

Tan opuesto

Soy tan opuesto.
Como el campo tan fresco y
el asma de la ciudad.
Soy tan opuesto.
Como el sistema político y
la energía de mí voluntad.
La calle que me vio crecer y esa iglesia.
Soy tan opuesto.
Como el arte callejero y
la mentira de esa empresa.
Soy tan opuesto.
Como la libertad de mi mente y
esa oxidada prisión.
El alma que baila y la sangre del corazón.

Soy tan opuesto.
Como cerca de un abrazo y
una despedida de lejos.
Soy tan opuesto.
Como mí habilidad y todos mis complejos.
Mi pañuelo negro y tu casa blanca.
Soy tan opuesto.
Como esos carteles de neón y mi pancarta.
Soy tan opuesto.
Como la mentira televisiva y
de los libros la verdad.
El incendio de mi lápiz y del papel su humedad.

Nadie está libre

Nadie está libre.
Que todo nuestro mundo
cambie en un segundo.
Nadie está libre.
De terminar en un hospital
en una forma terminal,
O aquel cálido abrazo
se convierta en un portazo.

Nadie está libre.
Que toda nuestra suerte
choque con un abismo de frente.
Nadie está libre.
De terminar nuestra vejez
y perder como en un ajedrez,
O aquel que mirando al cielo, espera
sin saber cuánto tiempo le queda.
Nadie está libre.

INCONSCIENTE

Un final abierto

Un instante a largo plazo.
Un sapo de otro pozo.
Un lápiz ansioso.
Un arte hermoso.
Un retrato sin marco.
Un papel en blanco.
Un solitario banco.
Un boceto terco.
Un texto para sobrevivir.
Un laberinto a descubrir.
Un candado que partir.
Un andamio por subir.
Un corazón que siente.
Un cartel que miente.
Un capítulo siguiente.
Un tipo inconsciente.
Un pecho al descubierto.
Un presente incierto.
Un sueño despierto.
Un final abierto.

Ismael Sánchez

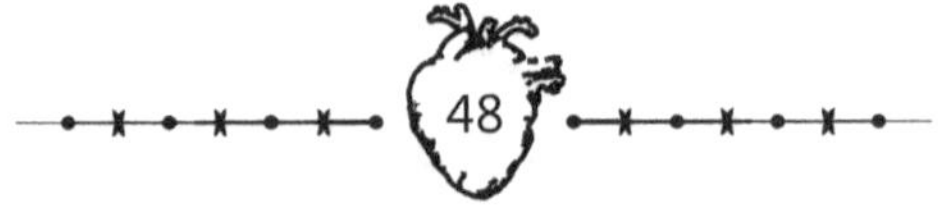